Servindo ao Senhor com alegria
Manual do coroinha

Pe. Siro Brunello, s.x.

Servindo ao Senhor com alegria
Manual do coroinha

Paulinas

Dados Internacionais de Catalogação na Publicação (CIP)
(Câmara Brasileira do Livro, SP, Brasil)

Brunello, Siro
   Servindo ao Senhor com alegria : manual do coroinha / Siro Brunello. — 17. ed. — São Paulo : Paulinas, 2011. — (Coleção anunciar)

   ISBN 978-85-356-2897-5

   1. Acólitos 2. Liturgia I. Título. II. Série.

11-09639   CDD-264.02

Índices para catálogo sistemático:

1. Coroinhas : Manuais : Liturgia : Igreja Católica   264.02
2. Manuais : Acólitos : Liturgia : Igreja Católica   264.02

17ª edição – 2011

8ª reimpressão – 2024

Adaptado e reescrito por: *Suely Mendes Brazão*
Revisão de texto: *Mônica Guimarães Reis*
Capa: *Herbert Renato Evangelista*
Ilustrações: *Osnei Furtado da Rocha*

Nenhuma parte desta obra poderá ser reproduzida ou transmitida por qualquer forma e/ou quaisquer meios (eletrônico ou mecânico, incluindo fotocópia e gravação) ou arquivada em qualquer sistema de banco de dados sem permissão escrita da Editora. Direitos reservados.

Cadastre-se e receba nossas informações
paulinas.com.br
Telemarketing e SAC: 0800-7010081

Paulinas
Rua Dona Inácia Uchoa, 62
04110-020 – São Paulo – SP (Brasil)
📞 (11) 2125-3500
✉ editora@paulinas.com.br

© Pia Sociedade Filhas de São Paulo – São Paulo, 1995

Queridos e queridas coroinhas:

Você, adolescente, já foi convidado para ser coroinha? Se ainda não, já pensou em se oferecer para esse serviço?

Ser coroinha é algo muito importante, pois se presta um serviço à Igreja, ao sacerdote e, principalmente, a Deus. O coroinha ou a coroinha ajudam o padre a celebrar a missa e outras celebrações da Igreja, em toda a sua liturgia.

Este livro explica a você exatamente o que é liturgia e como ela é fundamental na vida da Igreja e, portanto, na vida de todos os cristãos. E o coroinha participa de modo muito especial da liturgia, vestindo uma roupa própria para a cerimônia.

A primeira parte — *O ano litúrgico* — ajuda você a realizar esse serviço, explicando-lhe algumas das fases da vida de Jesus, que são relembradas pela Igreja ao longo de cada ano. E você vai ver que, depois de conhecer toda a história de Jesus, vai gostar mais de fazer esse serviço e, é claro, de ser coroinha.

A segunda parte — *Os sacramentos* — o auxiliará a compreender melhor cada um dos sacramentos, que são os sinais da graça de Deus.

No final do livro, você aprenderá algo mais sobre a oração, além de umas regrinhas práticas para ser um bom coroinha ou uma boa coroinha.

E, desde já, desejamos a você um ótimo serviço, na certeza de que se sentirá muito feliz e satisfeito.

Vamos aprender: O que é liturgia?

Já falamos aqui em *liturgia* e, se você já foi ou está indo ao catecismo e se costuma ir à missa, com certeza, já deve ter ouvido falar muito essa palavra.

No *Antigo Testamento*, que é a primeira parte da Bíblia, a palavra liturgia é empregada para designar o culto prestado a Deus pelos sacerdotes judeus. No começo, os primeiros cristãos não usavam muito essa palavra, para não serem confundidos com os hebreus, mas depois passaram a empregá-la para designar o culto prestado a Deus pela Igreja de Jesus Cristo.

Se você for procurar no dicionário o significado de liturgia, encontrará: complexo de celebrações realizadas na igreja.

Ora, se você já sabe que o coroinha e/ou a coroinha participam da liturgia, então eles participam das cerimônias realizadas na igreja, participam do *culto*.

O culto

O que é culto? É justamente o conjunto de atos e atitudes espirituais que manifestam respeito, honra, veneração e adoração a Deus, como por exemplo a missa e a oração.

Todas as religiões têm seu culto, seu modo de glorificar Deus. Há religiões, como a dos antigos indígenas brasileiros, em que a oração era feita com danças e outros rituais. Os muçulmanos, ao rezar, ajoelham-se e encostam a cabeça no chão. Os hindus dão muitas voltas em torno de seus templos...

Para nós, cristãos, a liturgia é a maneira de glorificar Deus e seu filho, Jesus Cristo, por meio das celebrações e orações que realizamos na igreja.

Não se deve, porém, ir à missa ou rezar a Deus apenas para obter favores, pedir soluções para nossos problemas, milagres, bênçãos, mas principalmente para *manifestar nosso amor por Deus e agradecer-lhe todas as coisas que dele recebemos.*

Para compreender bem isso, é preciso esclarecer o seguinte: a liturgia não foi criada por nós para conseguir milagres de Deus; ao contrário, a liturgia é uma ação de Deus, para que os seres humanos recebam, por meio de seus sinais, a graça divina, alcançando a salvação pela fé.

Outro aspecto muito importante do culto foi também destacado pelos antigos profetas, por Jesus e, depois dele, por são Paulo: não adianta ir sempre à igreja, prestar culto a Deus, parecer muito bom e sério aos outros e depois agir mal, ser egoísta, injusto...

A liturgia, o culto, o ato de rezar ou de ir à missa não devem, portanto, ser aparentes. O culto cristão deve ser realizado com o coração, com a vontade de querer servir a Deus, com o prazer em "visitá-lo" em sua "casa", com o desejo de ajudar os outros, de agir com honestidade e justiça. Deus quer que o visitemos na igreja e que lhe prestemos homenagens de modo sincero e verdadeiro.

Você pode avaliar agora como é importante ser coroinha, pois estará participando mais de perto de um dom de Deus, que guia nossa vida para o bem.

Os "sinais" litúrgicos

Já dissemos que a liturgia é uma obra de Deus, manifestada por sinais. Vamos explicar agora o que isso quer dizer.

Quando você vai à igreja e observa uma celebração, como por exemplo a missa, logo nota uma série de *sinais*, isto é, de objetos, lugares e atitudes próprios daquela celebração:

* objetos — cálice, patena, pala, manustérgio, corporal, sanguíneo, galhetas, missal, mesa da palavra (ambão).

* símbolos — flores, pão, vinho, água, óleo, incenso, vela, livro da palavra, canto, música, mesa eucarística (altar), sacrário.

* atitudes — sinal da cruz, aperto de mão para desejar a paz, posição das mãos em certas orações, sentar-se, levantar-se, ajoelhar-se...

E, quanto às atitudes, note que elas são tomadas pela comunidade, pelos coroinhas, pelos leitores e pelo padre. As roupas, de cores que variam conforme as festividades do ano litúrgico.

Você pode perceber, assim, que os sinais litúrgicos são muito importantes.

Para que servem os sinais litúrgicos?

A resposta a essa pergunta é muito simples: os sinais destinam-se sempre a comunicar algo.

Você já notou como a vida cotidiana está cheia de sinais que servem para a comunicação? Veja, por exemplo: um sorriso, um aperto de mão, um abraço manifestam amizade; uma careta, ou o ato de virar as costas e negar um cumprimento, significam desprezo, inimizade. Mais ainda, se você andar por ruas ou estradas, verá os sinais de trânsito que comunicam mensagens aos pedestres e motoristas. Também os hinos nacionais e as bandeiras são sinais, símbolos que representam a pátria, isto é, um país ou nação.

Desde o início da humanidade, os homens que habitavam as cavernas já se comunicavam por meio de sons e de desenhos feitos nas rochas: era sua linguagem comunicativa, hoje "substituída" pelas letras, sílabas e palavras dos vários idiomas.

Os sinais são, portanto, gestos, coisas e mesmo lugares que servem para traduzir o significado de algo que se quer comunicar.

Pois também Deus usa sinais para comunicar-se com as pessoas humanas, para comunicar-lhes a sua graça, os seus favores, a sua bondade e, principalmente, a sua justiça.

Alguns dos sinais que Deus usa para manifestar-se são muito especiais, pois não só significam alguma coisa, mas também produzem, realizam essa coisa. Esses sinais especiais de Deus chamam-se *sacramentos*.

Os "sinais" do coroinha

Como vimos, os sinais na liturgia são muito importantes, pois, por meio deles, Deus se comunica conosco. Por isso, devem ser respeitados e realizados com exatidão.

Veja alguns exemplos:

* sinal da cruz — não devemos fazê-lo mal e depressa, porque estaremos demonstrando pouco respeito e, além disso, ele nada significará;

* genuflexão (dobrar o joelho até o chão e levantar-se em seguida) — é um gesto de fé em Jesus que deve ser feito com calma e atenção; não se faz a genuflexão aos santos e a Nossa Senhora, mas somente a Jesus, presente no sacrário;

* reverência — é um sinal de respeito às coisas sagradas; faz-se dobrando a cabeça e os ombros diante da cruz e da imagem dos santos;

* beijo no altar — o altar representa Cristo, que se sacrificou ao Pai; ao beijar o altar, não se está beijando uma toalha ou uma mesa, mas é uma saudação ao próprio Jesus;

* objetos — os objetos litúrgicos (cálice, patena, galhetas, batina) devem estar sempre limpos e ser usados com cuidado durante as celebrações.

Coroinha, você estará demonstrando atenção e amor a Deus se caminhar devagar e mantiver uma atitude devota e atenciosa, sem conversar inutilmente, cantando e rezando com o povo nos momentos adequados.

O ano litúrgico

Você já deve ter aprendido, na escola ou em casa, que há vários tipos de "anos": o ano escolar (período do ano em que você vai à escola); o ano civil (o ano oficial, que começa em janeiro e termina em dezembro); o ano solar (período em que ocorrem os movimentos da Terra em torno do Sol) e outros.

Também a Igreja cristã tem seu "ano": o ano litúrgico.

Vamos explicar melhor o que ele significa: todos os anos, a Igreja relembra em suas celebrações os principais acontecimentos da vida de Cristo.

Jesus nasceu, viveu e morreu como todos nós. Quando criança, ele teve a vida de qualquer criança de seu tempo. Depois cresceu, tornou-se adulto e, percorrendo a Palestina com seus amigos, começou a ensinar e a pregar o Reino de Deus e a fazer milagres em nome de seu Pai. Um dia, foi preso, julgado e condenado a morrer na cruz. Logo depois ressuscitou, apareceu aos seus amigos (os apóstolos) e subiu ao céu, onde viverá para sempre com a humanidade.

Pois são todos esses acontecimentos da vida de Jesus que são relembrados nas celebrações litúrgicas da Igreja ao longo do ano. E, como sabemos, pela fé, que Jesus está vivo ao nosso lado, as cerimônias litúrgicas não são apenas lembrança, mas *memória*, isto é, são celebrações de uma realidade!

As etapas do ano litúrgico são, assim, a memória das passagens mais importantes da vida de Cristo. E na vida cristã está o próprio mistério de Jesus: ele foi crucificado, ressuscitou e continua vivo nas palavras do Evangelho, estando presente no altar, durante a missa, e entre as pessoas reunidas em nome dele.

Todos esses sinais são muito importantes para os cristãos e para você, coroinha, que participará ativamente das celebrações.

O ano litúrgico inicia-se com o Primeiro Domingo do Advento e termina com a festa de Cristo Rei. Os períodos do ano litúrgico, seguidos pelas Igrejas de todo o mundo, são:

Advento, Natal, Quaresma, Tríduo Pascal, Páscoa e *Tempo Comum*. Há ainda, além desses períodos, outras ocasiões durante o ano em que a Igreja comemora e homenageia Jesus, Maria, sua mãe, e os santos: são as *solenidades, festas* e *memórias*.

E, finalmente, vamos repetir que, assim como o coroinha veste roupas especiais durante as celebrações de que participa, também os sacerdotes, ao longo dos vários períodos do ano litúrgico, usam roupas especiais, de cores diferentes, conforme a época, chamadas *paramentos*.

Advento

O período do *Advento* abre o ano litúrgico. Advento significa vinda, chegada. É o tempo em que se espera o nascimento de Jesus, a vinda de Cristo. Tem início no fim de novembro ou começo de dezembro. Os quatro domingos que antecedem o Natal chamam-se domingos do Advento.

No Advento celebra-se, pois, o mistério da vinda do Senhor, não apenas seu nascimento na gruta de Belém, mas também sua vinda entre nós hoje, por meio dos sacramentos, e sua futura vinda, no fim dos tempos.

O tempo do Advento é vivido portanto pelos cristãos com muita alegria, com fé e com empenho. Além das orações próprias desse período, costuma-se fazer a coroa do Advento (quatro velinhas dispostas numa coroa de folhas naturais ou artificiais, que devem ser acesas uma a uma, nos quatro domingos).

Durante o Advento, várias leituras importantes da Bíblia — do Antigo e do Novo Testamento — são feitas na igreja. Você também poderá ler trechos do Evangelho bem interessantes, nos quais certamente aprenderá muitas coisas, como os que falam de

João Batista e de Maria; poderá ler ainda as profecias de Isaías, no Antigo Testamento.

É durante o Advento, no dia 8 de dezembro, que a Igreja celebra a festa de Nossa Senhora, a Imaculada Conceição.

Natal

O tempo litúrgico do Natal inicia-se no dia 24 de dezembro e termina com a festa do Batismo do Senhor, uma data móvel, isto é, que varia todos os anos.

Neste período, celebram-se duas grandes solenidades: o *Natal do Senhor* e a *Epifania*. E ainda duas festas, também muito importantes: *Sagrada Família* e *Santa Maria Mãe de Deus*.

No Natal (25 de dezembro), comemora-se a vinda do Filho de Deus ao mundo, Jesus Cristo, para a salvação dos seres humanos. Na solenidade da Epifania, lembra-se como essa salvação foi manifestada a todos os seres humanos, representados pelos santos reis.

Como a celebração do Natal dura oito dias, costuma-se falar em "oitava do Natal". Já a festa da Sagrada Família convida as famílias cristãs a viverem no amor e respeito, como Jesus, Maria e José e a festa de Santa Maria, Mãe de Deus (1º de janeiro, que é também o Dia Mundial da Paz) relembra a maternidade de Maria. Encerrando o tempo litúrgico do Natal, celebra-se o Batismo de Jesus, evocando o dia em que Jesus foi batizado no rio Jordão por João Batista.

O Natal é um tempo de grande alegria para a Igreja e para todos os cristãos. Procure, então, coroinha, festejar o Natal pensando no verdadeiro significado dessa festa, que é o aniversário de Jesus. É o Menino Jesus que deve ser, portanto, o centro de toda a festa e não a figura do Papai Noel, ou a preocupação com presentes, enfeites e outras coisas que às vezes deturpam o sentido do Natal.

Aproveite também para fazer, antes do Natal, uma novena, em casa ou na igreja, com sua família e seus amigos, pedindo ao Menino Jesus a graça de um novo ano cheio de saúde, paz e um bom trabalho para você na comunidade.

Quaresma

Na Bíblia, o número quarenta é citado várias vezes, como por exemplo nos quarenta anos em que os hebreus permaneceram no deserto, nos quarenta dias em que Elias caminhou e nos quarenta dias e quarenta noites em que Jesus jejuou.

A Quaresma é um tempo muito especial para todos os cristãos. É um tempo de renovação espiritual, de arrependimento, de penitência, de perdão, de muita oração e principalmente de fraternidade. Por isso, no Brasil, desde 1964, durante a Quaresma, a Igreja convida os cristãos a viverem a *Campanha da Fraternidade,* que cada ano apresenta um tema específico.

Aproveite, portanto, esse tempo de graça e renovação e prepare-se o melhor possível para a celebração da Páscoa. Procure fazer tudo o que puder para ajudar as pessoas, principalmente as mais necessitadas.

Com o Domingo de Ramos inicia-se a Semana Santa.

Tríduo Pascal

As celebrações mais importantes de todo o ano litúrgico são sem dúvida as do Tríduo Pascal. Tríduo quer dizer "três dias" e pascal significa "da Páscoa". Inicia-se na Quinta-feira Santa e termina no Sábado Santo, com a Vigília Pascal.

* **Quinta-feira Santa** — Na tarde desse dia, comemora-se a última ceia de Jesus, ocasião em que ele tomou o pão e o vinho, abençoou-os e deu-os aos seus discípulos, dizendo tratar-se de seu corpo e de seu sangue: assim ele instituiu o sacramento da Eucaristia, estabelecendo com o povo a Nova Aliança, por meio do seu sacrifício. Foi também durante a última ceia que Jesus lavou os pés dos apóstolos, demonstrando humildade, serviço e amor ao próximo. A celebração na igreja é geralmente feita à noite.

* **Sexta-feira Santa** — Nesse dia a Igreja relembra a Paixão e Morte de Cristo, numa celebração muito especial, realizada à tarde, pois foi por volta das 15 horas que Jesus morreu. Na Sexta-feira Santa não há celebração de missas.

* **Sábado Santo** — Este é um dia de recolhimento, reflexão e muito silêncio: é o dia em que Jesus permaneceu em seu sepulcro. Na noite do Sábado Santo, renova-se a memória do acontecimento mais importante de nossa fé cristã: a *Ressurreição*. Há então em todas as igrejas uma celebração muito significativa, a mais importante de toda a liturgia, que é a *Vigília Pascal*.

Reunidos nas igrejas, os cristãos de todo o mundo comemoram a ressurreição de Jesus Cristo, triunfando sobre a morte. A cerimônia da Vigília Pascal divide-se em quatro partes:

a) *liturgia da luz* — acende-se uma grossa vela, chamada círio pascal, que simboliza a luz de Cristo que vence as trevas da morte;

b) *liturgia da palavra* — as pessoas relembram, por meio de leituras bíblicas, os fatos importantes realizados por Deus ao longo da História;

c) *liturgia batismal* — recordando que o Batismo é a nossa Páscoa, ou seja, nossa "passagem" para a vida cristã, renovamos nessa noite as promessas feitas em nosso batismo, confirmando nossa vida em Cristo;

d) *liturgia eucarística* — celebra-se finalmente o sacrifício de Cristo, mas com grande alegria, porque Jesus está vivo e nos salvou.

É bom que você, coroinha, compareça a todas as celebrações do Tríduo Pascal sempre com muito respeito e muito empenho ao realizar suas tarefas junto ao altar. E, ao terminar a celebração da Vigília Pascal, cumprimente sua família, seus amigos, as pessoas que estiverem na igreja e os sacerdotes, manifestando sua alegria de cristão nessa alegre e grandiosa comemoração.

Páscoa

Você sabe o que quer dizer "Páscoa"? Em hebraico, que é a língua em que foram escritas as primeiras versões da Bíblia, Páscoa significa "passagem", rememorando a passagem de Moisés, com todo o povo hebreu, ao retirar-se do Egito e libertar-se da escravidão. Também Jesus, ao ressuscitar, "passou" da morte para a vida, da escuridão à luz. E nós, na Páscoa, somos convidados a realizar essa mesma passagem, isto é, a ressuscitar com Jesus para o amor e para o serviço ao próximo.

A Páscoa é um longo período litúrgico: além dos oito dias iniciais (a oitava da Páscoa), prolonga-se por mais seis domingos.

O tempo pascal termina com duas importantes solenidades: a festa da Ascensão de Jesus ao céu e a festa de Pentecostes, que relembra a descida do Espírito Santo sobre os apóstolos, que foi o início da Igreja.

Tempo comum

Como já dissemos, a vida de Jesus foi cheia de acontecimentos, assim como é hoje a nossa vida. É claro que houve momentos muito especiais, como o seu nascimento, a ressurreição, a ascensão. Mas houve também muitos outros episódios na vida de Jesus que a Igreja faz questão de recordar. E isso é feito durante o *Tempo Comum*.

O Tempo Comum abrange quase o ano inteiro. São 34 domingos, divididos em duas partes: a primeira compreende de seis a nove domingos, iniciando-se logo depois do Tempo do Natal e terminando na Quaresma; a segunda começa após o Tempo Pascal e vai até o fim de novembro, mais precisamente até a festa de Cristo Rei, que encerra também o ano litúrgico.

A segunda parte do Tempo Comum abre-se com uma festa muito bonita: a solenidade da Santíssima Trindade. E, poucos dias depois, há uma outra festa: Corpus Christi, que quer dizer Corpo de Cristo. Em geral, nesta última data, as Igrejas fazem belas procissões.

O Tempo Comum, ao longo de todos os seus domingos, mostra-nos a própria vida de Cristo, com seus ensinamentos, seus milagres, suas orações. Com Jesus e seus exemplos, aprendemos a viver a verdadeira vida cristã, uma vida de serviço, respeito e amor a todas as pessoas e a todas as coisas criadas por Deus. Cada um desses domingos é um novo encontro com Jesus, que nos leva cada vez mais para perto do Pai.

No último domingo do Tempo Comum, como já dissemos, celebra-se a festa de Cristo Rei. Jesus não foi um rei como alguns que tivemos ao longo da História, dominadores, autoritários. Jesus é rei porque tem o poder divino sobre todas as coisas do mundo. Com seu imenso amor pela humanidade, sua bondade e sua justiça, ele deseja que o mundo se torne uma só família, com um único Pai: Deus.

Solenidades, festas, memória

Durante o ano, a Igreja não comemora apenas as festas litúrgicas. Há muitas outras datas celebradas para louvar o Senhor, para homenagear Maria, a mãe de Jesus, para venerar os santos (alguns destes, mártires), agradecendo a Deus por suas belas virtudes.

Dentre essas celebrações, as mais importantes são as *solenidades*, como por exemplo a do Sagrado Coração de Jesus, a Anunciação do Senhor, a Assunção de Maria, Todos os Santos, São José, São Pedro e São Paulo e outras.

Há também as chamadas festas, como por exemplo a de santo Estêvão, a dos arcanjos Miguel,

Rafael e Gabriel, a Natividade de Nossa Senhora, a Conversão de São Paulo e outras.

E, finalmente, a Igreja celebra também a *memória*, isto é, a lembrança de alguns santos que se distinguiram por sua vida e seu exemplo. Todos os santos do calendário romano têm seu dia de memória. Os santos são padroeiros das pessoas, das comunidades e cidades que têm o seu nome.

Você já tinha pensado nisso? Veja então se encontra o dia do santo que tem o seu nome. E, nesse dia, comemore com seus amigos, fazendo também uma oração especial a esse santo, pedindo-lhe saúde e paz.

Queríamos dizer ainda a você, coroinha, que, para viver bem o ano litúrgico, além de ir à igreja aos domingos e dias santos, é preciso também comportar-se com muito respeito e consideração em relação à sua família, seus amigos e seus colegas. Tenha sempre muita fé e esperança em Jesus e procure fazer tudo o que puder para ajudar os que precisam de você.

Os paramentos e as cores litúrgicas

Antes de encerrar esta primeira parte do seu livro, querido coroinha, vamos explicar melhor aquilo que já dissemos antes sobre as roupas litúrgicas usadas pelo padre e por você durante as celebrações.

O importante é entender que se deve estar de acordo com as celebrações, tendo em vista as atuais condições e necessidades. As vestes devem contribuir para que, tanto os sacerdotes, como a assembléia, compreendam e co-participem da vida litúrgica.

Vamos então conhecer essas roupas litúrgicas:

* **alva** — é a túnica branca, usada pelo padre, que chega até o calcanhar. Por cima da alva, usa-se a casula;

* **estola** — é uma faixa estreita, que vai até os joelhos. É o símbolo do sacerdócio;

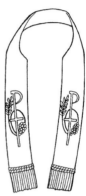

* **casula** — vestimenta mais enfeitada, usada durante a missa por alguns padres, que fica por cima da alva.

* **batina** — túnica branca usada pelos coroinhas durante a missa.

Na liturgia, são muito importantes as cores, que variam conforme o tempo litúrgico, ajudando-nos a identificar os momentos pelos quais estamos passando ao longo do ano. As cores litúrgicas aparecem em geral na estola e na casula (quando usada). Mas podem aparecer também nas toalhas e nos enfeites do altar.

Veja, a seguir, quais são as cores litúrgicas, seu significado e seu tempo de uso:

* **branco** — sinal de festa e pureza, é a cor usada no tempo do Natal e na Páscoa, nas festas do Senhor, de Nossa Senhora, dos anjos e dos santos não-mártires;

* **vermelho** — sinal de martírio (lembra a cor do sangue) e de amor, é usada no Domingo de Ramos, em Pentecostes, na Sexta-feira Santa e nas festas dos apóstolos e santos mártires;

* **verde** — é a cor da esperança, usada no Tempo Comum. Essa cor lembra também que os cristãos devem ser como árvores verdes, sempre cheias de frutos;

* **roxo** — sinal de reflexão, penitência e conversão, é usada no Tempo do Advento, na Quaresma e nas missas para defuntos.

Os sacramentos

Quando falamos dos "sinais" da liturgia, dissemos que os sacramentos são sinais "especiais" para a nossa vida cristã.

Vamos agora explicar melhor. A vida e os ensinamentos de Jesus e também a história dos primeiros cristãos revelaram à Igreja a existência de sete celebrações nas quais Deus está presente e pelas quais ele age de modo muito especial na vida de cada cristão e da própria Igreja. Essas sete celebrações são os *sete sacramentos.*

Você já sabe que Jesus está sempre presente no meio de nós, de muitos modos, mas principalmente na liturgia da Igreja: na comunidade que assiste à missa, na Palavra do Evangelho, no sacerdote que celebra, no ano litúrgico, nos sacramentos que estamos estudando agora e, de modo muito especial, no pão consagrado durante a Eucaristia.

A presença de Jesus não é uma coisa parada, imóvel. Cristo prometeu ficar com a humanidade até o fim do mundo. Portanto, ele está presente entre nós, *age* e *opera* na Igreja. Os sacramentos são sinais dessa presença divina: por meio deles, Jesus faz com que sua graça chegue até nós.

O sacramento é, assim, um sinal *sensível* e *eficaz* — palavras unidas a objetos ou a situações e gestos —, realizado pela Igreja e que, de fato, comunica a vida divina à pessoa que o recebe. Os sacramentos visam à nossa santificação, à edificação da Igreja e ao culto a Deus. Vamos dar um exemplo: a água é um sinal visível, sensível, humano, que limpa o que com ela se lava. Mas na água usada nas celebrações, como por exemplo a utilizada no Batismo, está presente e atuante a graça de Deus, por meio do Espírito Santo. Por isso, mediante a fé, cremos que aquela água lava realmente a alma, tirando-nos a mancha do pecado e comunicando-nos uma vida divina, isto é, o dom gratuito que Deus nos dá para que possamos ser fiéis às suas ordens.

Os sacramentos são sete: *Batismo, Eucaristia, Confirmação* ou Crisma, *Penitência* ou Reconciliação, *Unção dos Enfermos, Matrimônio* e *Ordem.*

O Batismo, a Eucaristia e a Confirmação são sacramentos de iniciação cristã; a Penitência e a Unção dos Enfermos são sacramentos de cura; o Matrimônio e a Ordem são sacramentos de serviço a Deus e à comunidade.

A seguir, falaremos de todos os sete sacramentos, cada um em particular. Começaremos pela Eucaristia (missa), porque é aquele do qual você, coroinha, mais participa.

Eucaristia (Missa)

Considera-se a Eucaristia a celebração central de toda a liturgia, porque relembra a Páscoa de Cristo, tornando-a presente entre nós. É na Eucaristia que Jesus se dá a nós em alimento, na forma de pão e vinho, simbolizando a própria alimentação da vida cristã.

Durante essa celebração litúrgica, o coroinha ou a coroinha presta seu serviço devoto e atento de modo especial. É claro que a missa é muito importante para todos os cristãos, mas o coroinha deve sentir-se privilegiado nessa celebração, porque participa de forma especial.

Jesus, que está sempre no meio de nós, torna-se presente de modo real na missa quando:

* a comunidade de fiéis se reúne em seu nome sob a presidência do sacerdote;

* é proclamada e ouvida a Palavra de Deus;

* o pão e o vinho se tornam o corpo e o sangue de Cristo.

Você pode perceber agora como é importante a celebração da missa e como é indispensável participar dela pelo menos aos domingos, pois nos comunicamos diretamente com Jesus. Da missa todos tomam parte ativamente:

* o sacerdote dirige a comunidade dos fiéis;

* o coroinha (ou a coroinha) serve Jesus ao redor do altar;

* o coral (e/ou o povo presente) canta músicas apropriadas para a ocasião;

* os leitores proclamam a Palavra de Deus;

* o povo presta atenção ao que dizem o sacerdote e os leitores, acompanha e participa das orações — fazendo sua ação de graças e seus pedidos — e canta.

Para que você compreenda melhor todo o ritual da missa, vamos dividi-la em cinco partes, que serão explicadas a seguir:

– ritos de introdução;

– liturgia da palavra;

– liturgia eucarística;

– ritos da comunhão;

– ritos de conclusão.

a) Ritos de Introdução

A finalidade dos ritos de introdução é fazer com que todos os fiéis se sintam unidos para formar uma só comunidade, uma só assembléia, dispondo seu coração e sua mente para receber a Palavra de Deus e celebrar dignamente a Santa Eucaristia.

Enquanto o povo canta o "canto de entrada", uma pequena procissão sai da sacristia e vai para o altar. Tomam parte dela os coroinhas e o padre celebrante (há missas rezadas por mais de um padre).

Diante da mesa do altar, o celebrante venera a cruz, que é o símbolo de Cristo, com uma reverência e um beijo sobre a mesa. E, diante do sacrário, todos fazem uma genuflexão, adorando Jesus na Eucaristia.

Segue-se o ato penitencial, cuja finalidade é purificar o coração de todos os presentes, que se arrependem de suas culpas para dar lugar à graça de Deus. E, logo depois, vem o "glória", para glorificar Deus por suas maravilhas. Há missas em que não se reza o "glória".

Para encerrar a introdução, o sacerdote, em nome da assembléia, apresenta a Deus as intenções e os pedidos de todo o povo, com as orações do *Missal* (nome do livro que o padre usa para fazer as orações da missa). A comunidade presente responde "amém", que significa: sim, estamos de acordo, assim seja, é isso que estamos pedindo.

b) Liturgia da Palavra

Durante a liturgia da palavra, os fiéis, sentados, em silêncio, ouvem com atenção a proclamação da Palavra de Deus. É por meio das leituras que Deus fala ao nosso coração. Aos domingos, são feitas duas leituras, em geral uma do Antigo e outra do Novo Testamento. Há domingos em que são feitas duas leituras do Novo Testamento, conforme o tempo litúrgico. O livro que se usa na missa e que contém as leituras chama-se *Lecionário*.

Continuando a liturgia da palavra, o sacerdote lê o Evangelho referente àquele dia e todas as pessoas ficam em pé, em sinal de respeito à Palavra de Deus. As páginas da Sagrada Escritura contam as várias etapas da História da Salvação, revivendo as maravilhas operadas por Deus em seu povo. As leituras e o Evangelho constituem uma verdadeira "memória" que nos faz reviver o pensamento e o ensinamento de Deus, alimentando-nos e fortalecendo-nos espiritualmente.

Por isso, os leitores devem ler antes os textos, para entenderem bem o seu sentido e poderem "proclamar" com clareza a Palavra de Deus.

Após as leituras, o sacerdote faz a homilia, isto é, o comentário oral dos textos lidos, para que o povo possa compreender melhor as mensagens ali contidas.

Encerrando a liturgia da palavra, nos domingos e festas o povo "responde" à Palavra de Deus recitando o *Creio*, que é a nossa profissão de fé, ou seja, uma afirmação de tudo aquilo em que cremos.

E, finalmente, vem a oração dos fiéis: são breves invocações, preparadas ou espontâneas, para pedir a Deus em favor da Igreja, do mundo, da comunidade e de cada um em particular.

c) Liturgia eucarística

A palavra "eucaristia" significa *agradecimento*. De fato, na missa manifestamos nossa gratidão ao Pai que nos concedeu a salvação por meio do sacrifício de Jesus.

A liturgia eucarística inicia-se com a apresentação das oferendas por parte dos fiéis ou dos coroinhas. O pão e o vinho são então levados ao altar e, em algumas igrejas, também outras ofertas simbólicas, como flores, ramos de trigo, velas. A comunidade pode entoar um canto.

O coroinha deve ter o cuidado de preparar todas as coisas necessárias para esse momento; nada pode faltar e tudo deve estar à mão.

Nesse momento, todo cristão deve "colocar" sobre o altar sua própria vida, com alegrias e sofrimentos, para que se una à vida do próprio Cristo sacrificado. Com toda a assembléia em pé, em sinal de atenção e respeitosa participação, segue-se a *oração sobre as oferendas* e, logo depois, a *oração eucarística*, com seu prefácio. Esta oração (que tem várias fórmulas) é um longo hino de agradecimento a Deus, que termina com a aclamação (ou canto) do "Santo". Nas missas festivas, um ou vários coroinhas podem ficar ao redor do altar, até o "pai-nosso", levando velas acesas.

A assembléia ajoelha-se em sinal de respeito e veneração e fica em profundo silêncio ou expressa um louvor.

A longa oração eucarística, depois de pedir pela Igreja, pelos vivos e pelos defuntos, encerra-se com um louvor a Deus Pai, a Jesus Cristo e ao Espírito Santo. E todos respondem: Amém!

d) Comunhão

A oração do *pai-nosso* inicia o rito da comunhão. A assembléia, com os braços erguidos ou dando-se as mãos, em sinal de súplica e agradecimento, manifesta ao Pai, com as mesmas palavras de Jesus, seus desejos e suas necessidades.

Às pessoas que estiverem mais próximas de nós, damos o abraço da paz, podendo deixar para o final, de acordo com o celebrante.

Finalmente, no solene momento da comunhão — que significa "comum união", isto é, uma união íntima com Deus —, o sacerdote mostra-nos a hóstia, que é o próprio Cristo redentor. Com amor e respeito, estendemos a mão para receber o corpo de Cristo, o alimento de nossa vida.

Nesse momento, coroinha, concentre-se e permaneça em silêncio. Se estiver auxiliando o padre a dar a comunhão aos fiéis, fique bastante atento, numa atitude de profundo respeito.

Terminada a comunhão, em geral reservam-se alguns momentos de silêncio para meditação, orações, agradecimentos e pedidos particulares.

e) Ritos de conclusão

Os ritos de conclusão da missa são muito breves: após uma pequena oração, o sacerdote dá a *bênção final* que, em algumas solenidades e festas, pode ser particularmente solene. "Benzer" quer dizer desejar coisas boas, dizer as melhores palavras que somente Deus pode falar a seus filhos.

A bênção não é dada somente na missa. Ela pode ser pedida e dada em qualquer circunstância, especialmente quando se tem necessidade particular da proteção de Deus.

Na última frase da missa, o sacerdote diz: "Vamos em paz e que o Senhor nos acompanhe". Essa é uma frase muito significativa, na qual nem sempre prestamos muita atenção, mas que quer dizer que Jesus não fica na igreja, aguardando nossa volta. Ele acompanha-nos sempre em nossa vida: em casa, no estudo, no trabalho, na rua, na escola, quando estamos alegres ou tristes, quando somos bons ou maus.

Depois dessa despedida, o sacerdote e os coroinhas reverenciam o altar e a cruz e retornam à sacristia. O povo canta um canto de despedida e só então retira-se também da igreja.

E assim termina a liturgia da missa ou Eucaristia, mas a tarefa e o compromisso do coroinha não terminam aí. É bom que ele se comporte em casa como um bom filho e bom irmão. Só assim viverá sempre sua intensa amizade com Jesus.

Batismo

Os *momentos* da celebração do sacramento do Batismo são os seguintes:

* ritos de introdução, com o sinal da cruz;
* liturgia da palavra e preces da comunidade;
* unção com o óleo dos catecúmenos;
* bênção da água;
* profissão de fé e promessas;
* *batismo* propriamente dito;
* unção com o óleo do crisma;
* entrega da vela e ritos finais.

Coroinha, procure informar-se na igreja, a respeito das datas em que haverá Batismo e ofereça-se para participar da celebração desse sacramento.

Confirmação ou Crisma

Este sacramento, ministrado aos jovens com mais de catorze anos, é chamado de *Confirmação* porque "confirma" os dons recebidos no Batismo, tornando o jovem capaz de professar sua fé com coragem, perseverança e firmeza.

Com esse sacramento, que é o compromisso adulto de construir, com a força do Espírito Santo, o Reino de Deus, vivendo como Jesus viveu, o jovem torna-se *consciente* de sua dignidade e de sua vocação de "testemunha" de Cristo.

O Espírito Santo infunde no jovem crismando seus sete dons: sabedoria, entendimento, conselho, fortaleza, ciência, piedade e temor a Deus.

Os momentos do sacramento da Confirmação são os seguintes:

* renovação das promessas do Batismo: o "sim" agora é consciente, dado pelo próprio crismando (e não pelo padrinho, como no Batismo), confirmando que deseja tornar-se um verdadeiro discípulo e testemunha de Cristo;

* imposição das mãos: ocorre por parte do bispo e dos presbíteros concelebrantes, invocando o Espírito Santo;

* unção com o óleo do crisma: o bispo (que é quem ministra esse sacramento) unge a testa dos crismandos, fazendo com o santo óleo um sinal em forma de cruz.

Como já dissemos, o rito da Crisma é celebrado pelo bispo no contexto da missa. E os coroinhas dela participam, levando ao bispo, depois da homilia e da invocação do Espírito Santo, os santos óleos, a mitra (chapéu pontudo usado pelos bispos) e o livro pontifical.

Terminado o rito da Crisma, a missa continua até seu final.

A presença da comunidade é muito importante. É ela que acolhe o bispo e os crismandos. E toda a assembléia celebra, participando também da graça do Espírito Santo dada aos confirmandos.

Penitência ou Reconciliação

Durante sua vida, Jesus, em sua bondade e misericórdia, perdoou muitos pecados por ser Deus, oferecendo a quem caía no erro a possibilidade de reconciliar-se com o Pai e de voltar à amizade com Deus.

A Penitência ou Reconciliação é a cura da doença do pecado. É Deus e a comunidade que nos perdoam. Para alcançar o perdão dos pecados, é preciso, em primeiro lugar, arrepender-se das faltas cometidas; depois, confessá-las ao sacerdote que, em nome de Deus, pode conceder-nos o perdão, a reconciliação com Deus e com os irmãos, sugerindo-nos fazer algumas orações.

Assim, são cinco os principais momentos da reconciliação:

* exame de consciência: necessário para verificar o que houve de errado depois da última confissão;

* arrependimento ou dor pelos pecados, pois ofendemos o Pai que tanto nos quer;

* firme propósito de não repetir os mesmos erros, com boa vontade e com a ajuda de Deus;

* confissão dos pecados ao representante de Jesus, com humildade e confiança;

* penitência, isto é, algumas orações que o padre nos sugere fazer para nossa reconciliação com Deus.

Todos os fiéis devem confessar-se com certa freqüência. Mas os coroinhas, que servem Jesus mais de perto, precisam guardar seu coração sempre limpo, reconciliando-se todas as vezes que necessitarem do perdão de Deus.

Seria bom que você, coroinha, tivesse um diretor espiritual, quer dizer, alguém a quem pedir conselhos em caso de dúvidas, mesmo fora da confissão.

Unção dos Enfermos

A dor e a doença são experiências que todos podem compreender, mesmo que por elas não tenham passado.

Jesus, quando veio ao mundo, ficou com muita pena de todas as misérias humanas e, por isso, curou e confortou um número incalculável de enfermos. A respeito da piedade de Cristo, são Paulo escreveu: "Ele carregou sobre seus ombros as nossas enfermidades".

Quando, pois, uma pessoa tem qualquer tipo de sofrimento, isso não significa que Deus a tenha abandonado. Ele está presente também na pessoa que sofre.

O sacramento da Unção dos Enfermos com os santos óleos é a união de nossos sofrimentos aos sofrimentos redentores de Cristo; esse sacramento cria entre o doente e Cristo uma comunhão profunda, dando-lhe novo conforto.

Quando o sacerdote unge as mãos e a testa do enfermo, ele reza para que o Senhor lhe conceda a cura da alma e, se for da sua vontade, também a cura do corpo, dando-lhe esperança, paciência e confiança na aceitação da vontade do Pai.

A Unção dos Enfermos, tanto quanto a confissão, cancela os pecados de quem estiver impossibilitado de confessar-se por motivo de doença.

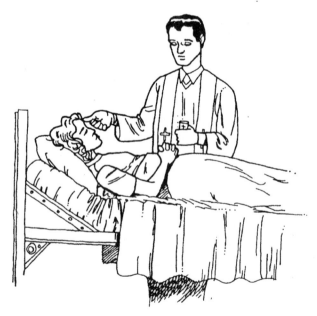

São os seguintes os momentos da Unção dos Enfermos:

* imposição das mãos feita pelo sacerdote, que reza pelo enfermo;

* unção com o óleo dos enfermos: o sacerdote faz uma cruz na testa e na palma das mãos do doente. A testa e a palma das mãos representam toda a pessoa humana, que pensa e trabalha.

Ordem

Já dissemos que, durante a Última Ceia de Jesus, na tarde da Quinta-feira Santa, véspera de sua morte, ele instituiu a Eucaristia, dizendo: "Fazei isto em minha memória".

Mas quem deveria renovar para sempre esta memória? Naquele momento, evidentemente, os primeiros discípulos, que poderiam então ensinar, santificar e guiar os adeptos do cristianismo, ministrando os sacramentos.

E depois dos primeiros discípulos? Todos os homens que quisessem ser "ordenados" presbíteros, consagrando-se para o culto a Deus e para o serviço religioso do povo. Assim, os bispos e os padres são hoje os sucessores dos apóstolos e representam Cristo, o Bom Pastor, para perpetuar sua obra no mundo.

A Ordem divide-se em:

* *Diaconato* — Diácono significa "servidor". É aquele que ajuda o bispo e o sacerdote na celebração eucarística; proclama o Evangelho; distribui a eucaristia; e, com permissão do bispo, pode ministrar alguns dos sacramentos.

* *Presbiterato* — Presbítero é o sacerdote, o padre. Este celebra a missa; perdoa os pecados; administra os sacramentos do Batismo e da Unção dos Enfermos; e tem a responsabilidade de dirigir e formar o "rebanho" de fiéis que lhe foi confiado.

* *Episcopado* — O bispo, sucessor dos apóstolos, é um sacerdote em sentido pleno: ministra todos os sacramentos, em particular a Confirmação ou Crisma e a Ordem. O bispo é sempre o "pastor" de um rebanho maior, que se chama *diocese*.

O presbítero (padre) é sacerdote para sempre, por toda a eternidade, assim como a pessoa batizada e crismada.

Matrimônio (Casamento)

A vida dos seres humanos, e a sua continuidade e preservação é um dom tão precioso que Deus quis confiá-lo em particular a dois seres: um homem e uma mulher.

Assim, o matrimônio é a união do homem e da mulher que se amam. É a consagração do seu amor dentro de um lar, responsabilizando-se ambos, consciente e livremente, pela vida que devem guardar e desenvolver. Por isso, a instituição do casamento é sagrada, estável e indissolúvel. E o amor que une o

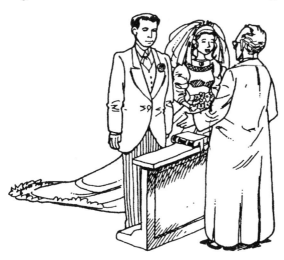

homem e a mulher que se casam expressa o amor criador de Deus.

Desse modo, homem e mulher casados tornam-se os maiores colaboradores da obra criadora de Deus, assumindo a tarefa de educar os filhos na fé, que são fruto de sua união e de seu amor.

Marido e mulher são, pois, os ministros, isto é, responsáveis diretos pelo casamento, aceitando-se por toda a vida. Eles realizam, por assim dizer, o "contrato" que lhes confere a graça do sacramento. Quem preside o rito do sacramento não precisa ser um padre. Ele participa do rito como uma testemunha qualificada e oficial, que recebe o acordo dos noivos e abençoa a união.

Assim como a Ordem, o casamento também é um sacramento indissolúvel, quer dizer, permanece por toda a vida, até a morte. O sacramento do matrimônio dá ao homem e à mulher ajuda espiritual para que vivam juntos santamente, educando seus filhos na fé e comprometendo-se a caminhar juntos pela vida.

Sacramentais

As ações sacramentais, ou simplesmente *os sacramentais*, não são sacramentos, como os sete que acabamos de enunciar. São *ações litúrgicas* que têm como finalidade lembrar os sacramentos e santificar alguns momentos de nossa vida.

Os mais importantes sacramentais são os seguintes:

* sinal da cruz com água benta;
* genuflexão diante do Santíssimo Sacramento;
* adoração eucarística;
* aspersão com água benta;
* bênção e procissão com velas;
* bênção de objetos: imagens, terços, casas...
* imposição das cinzas;
* lava-pés;
* reza comunitária do terço;
* procissões do círio e das festas.

Como se vê, são ações e gestos simbólicos que, como os sacramentos, produzem efeitos espirituais. Mas nunca se deve torná-los mais importantes do que os próprios sacramentos. Há pessoas que vão à igreja apenas para acender velas, beijar ou pôr a mão em imagens e fazer promessas sem sentido, que mais parecem um "acordo comercial" com Deus, algo assim como: se Deus me fizer tal graça, rezarei cinco pai-nossos e acenderei dez velas. Isso é um desrespeito para com Deus. Pode-se pedir a sua graça, mas que, acima de tudo, seja feita a vontade dele.

A oração

Jesus, durante toda a sua vida, sempre fez muitas orações. Ele retirava-se para lugares silenciosos, isolados, para poder melhor comunicar-se com seu Pai. Com o tempo, seus discípulos perceberam que orar era algo muito importante e pediram a Jesus que lhes ensinasse a rezar. Foi então que ele lhes falou do pai-nosso.

Depois da morte de Jesus, os primeiros cristãos iam todos os dias ao templo para rezar salmos, hinos e cânticos. E assim continuou a Igreja através dos séculos, sempre dando muita importância à oração.

Como você já deve ter percebido, caro (ou cara) coroinha, toda a liturgia é uma oração, porque nela ocorre um diálogo com Deus que, como dissemos, também se comunica com as pessoas por meio da oração.

Por isso, o bom (ou a boa) coroinha, que deseja servir a Deus com dedicação e respeito, deve saber rezar, *conversar* com o Pai. Não se pode imaginar um coroinha que, ajudando o padre na igreja, sirva a Deus e não saiba rezar, você não acha?

Mas... *o que se deve rezar?* É claro que você já deve conhecer muitas orações: o pai-nosso, a ave-maria, o glória, o creio e outras. Porém, uma oração dirigida a Deus com sinceridade não precisa ser, obrigatoriamente, uma oração conhecida, famosa, rezada por muita gente.

Você pode "criar" a sua oração para agradecer, louvar, ou pedir alguma coisa a Deus. Para rezar, não é preciso dizer palavras difíceis, complicadas. Deus sabe qual é a sua intenção. Por isso, basta dirigir-se a ele com expressões simples, como por exemplo: "Obrigado, meu Deus, por tudo o que eu tenho". — "Minha mãe do céu, dê-me sua bênção."

57

É claro que há ocasiões em que queremos ter uma "conversa" mais demorada com Deus, para fazer um desabafo, um pedido, um agradecimento. Também nesses casos, use palavras espontâneas, expressando aquilo que realmente está em seu coração, como se estivesse falando com sua mãe, seu pai ou um amigo em quem você confia muito.

Agora você poderá perguntar: mas *quando se deve rezar?* Jesus responde a essa pergunta: "Sempre!" Seria bom que você, coroinha, rezasse pelo menos de manhã, ao levantar-se, e à noite, ao deitar-se. E também em todos os momentos alegres de sua vida, para agradecê-los, e nos períodos difíceis, para que Deus lhe dê força para superá-los, de acordo com a vontade dele. E ainda quando se entra na igreja, a "casa de Deus", que é um lugar especial de oração.

E *a quem se deve rezar?*

Antes de tudo, devemos rezar a Deus. Mas, segundo as nossas necessidades ou devoções, podemos também rezar, isto é, "conversar" com Nossa Senhora, com os santos e com o anjo da guarda. Deus, em qualquer caso, sempre ouve nossos pedidos!

E *para quem se deve rezar?*

Para nós mesmos, para os familiares, os amigos, os colegas, as pessoas necessitadas, os que sofrem e também para os nossos inimigos, conforme nos recomendou Jesus.

Especialmente para você, coroinha!

E assim chegamos ao fim deste livro. Esperamos tê-lo ajudado a conhecer melhor muitas coisas sobre seu trabalho na igreja, que é um serviço dedicado a Deus e, portanto, um verdadeiro privilégio.

Servir na liturgia é sem dúvida servir ao próprio Deus, que deve merecer todo o nosso respeito e consideração.

Para encerrar, vamos dar-lhe algumas *regras práticas* que todo coroinha deve procurar observar não por imposição, mas por amor:

* ao entrar na igreja, faça uma genuflexão para Jesus que está no sacrário: é um ato de fé na sua presença;

* antes de entrar na sacristia, pare e reze um pouquinho;

* dentro da igreja, caminhe com respeito, sem correr ou brincar;

* na sacristia, fale baixinho, pois ela também faz parte da igreja;

* procure não chegar atrasado às celebrações de que for participar;

* vista-se sempre decentemente, sem exageros;

* antes de fazer seu serviço junto ao altar, lave bem as mãos;

* ao terminar as celebrações, guarde sempre sua batina no lugar apropriado, procurando não amassá-la; se estiver suja, leve-a para casa para ser lavada e passada;

* procure não emprestar suas vestes a outros jovens; se a pessoa insistir, consulte antes o padre ou o responsável pela sacristia;

* lembre-se de que a batina não é de sua propriedade, mas você é o responsável por ela: conserve-a, pois, com muito cuidado;

* antes de começar a missa, verifique se tudo está em ordem: a toalha do altar, que precisa estar bem limpa; o missal e o lecionário, em seus lugares; as galhetas (jarrinhas de vidro), com vinho e água; as hóstias, em número suficiente para os fiéis; as cadeiras, para o celebrante e para os coroinhas, que devem estar limpas; as velas do altar, acesas; os cânticos (folhas com a letra das músicas), distribuídos; as pessoas que farão as leituras, já avisadas; as luzes do altar e da igreja, acesas; e outros detalhes, que só você conhece muito bem.

* se você prometeu ajudar a rezar a missa num determinado dia, faça tudo para cumprir seu dever: é sinal de responsabilidade e maturidade;

* em geral, as reuniões na igreja para tratar de uma celebração especial são feitas com bastante antecedência; se você for convidado a participar de alguma delas, procure não assumir outros compromissos para aquele dia e aquela hora e, se realmente for impossível comparecer, mande avisar ou telefone.

E, finalmente, nunca se esqueça de que o bom coroinha e a boa coroinha são aqueles que estão sempre conscientes de sua dignidade e responsabilidade. Desejamos a você um bom trabalho. Jesus apreciará sua dedicação ao Reino de Deus!

Sumário

Queridos e queridas coroinhas 5

Vamos aprender: O que é liturgia? 7
    O culto 8

Os "sinais" litúrgicos 11
    Para que servem os sinais litúrgicos 12
    Os "sinais" do coroinha 13

O ano litúrgico 17
    Advento 19
    Natal 20
    Quaresma 22
    Tríduo Pascal 23
    Páscoa 25
    Tempo comum 26
    Solenidades, festas, memória 28

Os paramentos e as cores litúrgicas 31

Os sacramentos 35

Eucaristia (missa) 37

a) Ritos de introdução 39

b) Liturgia da Palavra 40

c) Liturgia eucarística 41

d) Comunhão 42

e) Ritos de conclusão 43

Batismo 44

Confirmação ou Crisma 46

Penitência ou Reconciliação 48

Unção dos Enfermos 49

Ordem 51

Matrimônio (Casamento) 53

Sacramentais 54

A oração 56

Especialmente para você, coroinha! 59

Rua Dona Inácia Uchoa, 62
04110-020 – São Paulo – SP (Brasil)
Tel.: (11) 2125-3500
paulinas.com.br – editora@paulinas.com.br
Telemarketing e SAC: 0800-7010081